BEI GRIN MACHT SICH IHR WISSEN BEZAHLT

AF130140

- Wir veröffentlichen Ihre Hausarbeit,
  Bachelor- und Masterarbeit

- Ihr eigenes eBook und Buch -
  weltweit in allen wichtigen Shops

- Verdienen Sie an jedem Verkauf

Jetzt bei www.GRIN.com hochladen
und kostenlos publizieren

GRIN ☺

Bibliografische Information der Deutschen Nationalbibliothek:

Die Deutsche Bibliothek verzeichnet diese Publikation in der Deutschen National-bibliografie; detaillierte bibliografische Daten sind im Internet über http://dnb.d-nb.de/ abrufbar.

Dieses Werk sowie alle darin enthaltenen einzelnen Beiträge und Abbildungen sind urheberrechtlich geschützt. Jede Verwertung, die nicht ausdrücklich vom Urheberrechtsschutz zugelassen ist, bedarf der vorherigen Zustimmung des Verlages. Das gilt insbesondere für Vervielfältigungen, Bearbeitungen, Übersetzungen, Mikroverfilmungen, Auswertungen durch Datenbanken und für die Einspeicherung und Verarbeitung in elektronische Systeme. Alle Rechte, auch die des auszugsweisen Nachdrucks, der fotomechanischen Wiedergabe (einschließlich Mikrokopie) sowie der Auswertung durch Datenbanken oder ähnliche Einrichtungen, vorbehalten.

Impressum:

Copyright © 2017 GRIN Verlag
Druck und Bindung: Books on Demand GmbH, Norderstedt Germany
ISBN: 9783668691872

Dieses Buch bei GRIN:

https://www.grin.com/document/418334

Johanna Richter

Analyse von Erfolgsfaktoren für die Führung virtueller Teams

GRIN Verlag

GRIN - Your knowledge has value

Der GRIN Verlag publiziert seit 1998 wissenschaftliche Arbeiten von Studenten, Hochschullehrern und anderen Akademikern als eBook und gedrucktes Buch. Die Verlagswebsite www.grin.com ist die ideale Plattform zur Veröffentlichung von Hausarbeiten, Abschlussarbeiten, wissenschaftlichen Aufsätzen, Dissertationen und Fachbüchern.

Besuchen Sie uns im Internet:

http://www.grin.com/

http://www.facebook.com/grincom

http://www.twitter.com/grin_com

AKAD University

Systemisches Management und Nachhaltigkeit

Master of Science (M. Sc.)

Assignment

Analyse von Erfolgsfaktoren für die Führung virtueller Teams

Studiengang: Systemisches Management und Nachhaltigkeit - Master of
                 Science (M. Sc.)

Abgabetermin: 10.05.2017

Inhaltsverzeichnis

1 Einleitung

1.1 Problemstellung

Führung ist eine zielorientierte, wechselseitige Einflussnahme im Sinne der Unternehmensziele. Eine Hauptaufgabe der Führungskraft ist die Motivation der Mitarbeiter sowie Koordination und Kontrolle des arbeitsteiligen Handelns. [1] Der Megatrend Digitalisierung verändert die Arbeitswelt fortlaufend und führt zu eine steigenden Anzahl virtuell organisierter Teams. [2] In der Praxis wachsen die Herausforderungen über elektronische Medien genügend Vertrauen, Teamgefühl und zielorientierte Führung aufzubauen. Wissenschaftler sprechen davon, dass „neun von zehn virtuellen Teams es nicht schaffen, im Sinn der Unternehmensziele zusammenzuarbeiten und die geforderten Ergebnisse zu bringen." [3] Die traditionellen Methoden der Teamführung sind nicht länger ausreichend, neue Lösungen sind in der Praxis allerdings noch nicht ausreichend entwickelt. Neue Managementqualitäten sind erforderlich, um die Chancen dieser Entwicklung zu erkennen und gezielt virtuelle Kooperationen zu verbessern.

1.2 Zielsetzung und Aufbau des Assignments

Es ist das Ziel dieses Assignments die Erfolgsfaktoren für die Führung virtueller Teams herauszustellen. Um ein ganzheitliches Bild zu erreichen, sollen die Erfolgsfaktoren sowohl aus Sicht der Führungskräfte als auch der Mitarbeiter beleuchtet werden. Die Ergebnisse sollen weiterführenden Erarbeitungen eines Managementkonzepts dienen. Im ersten Schritt soll der Begriff „virtuelle Teams" definiert werden sowie Besonderheiten und Herausforderungen. Anschließend wird ein Lebenszyklusmodell der virtuellen Kooperation dargestellt, welches als Grundlage für Managementkonzepte zur Führung virtueller Teams dient. [4] Anhand dessen wurden Experteninterviews mit erfahrenen Führungskräften von virtuellen Teams und Mitarbeitern in virtuell organisierten Teams durchgeführt. Die Ergebnisse der Interviews sollen in Kapitel 3 zusammengefasst und gegenübergestellt werden. Auf diesen Ergebnissen aufbauend erfolgt ein Fazit in Kapitel 4 sowie ein Ausblick zu weiterführenden Themen zur erfolgreichen Zusammenarbeit in virtuellen Kooperationen.

---

[1] Vgl. Hertel, K., Hertel, G., Virtuelle Teams, 2002, S.48.
[2] Vgl. Domsch, M., Führung von Mitarbeitern, 2003, S.678.
[3] Müller, Eva B. Führung virtueller Teams, 2017, o.S..
[4] Vgl. Konradt, U., Köppel, P., Erfolgsfaktoren virtueller Kooperationen, 2008, S.17.

2 Theoretische Grundlagen zu virtuellen Teams

2.1 Begriffsdefinition und Besonderheiten virtueller Teams

„Als virtuelle Teams werden flexible Gruppen standortverteilter und ortsunabhängiger Mitarbeiterinnen und Mitarbeiter bezeichnet, die auf der Grundlage von gemeinsamen Zielen beziehungsweise Arbeitsaufträgen ergebnisorientiert geschaffen werden und informationstechnisch vernetzt sind."[5] Virtuelle Teams arbeiten also gemeinsam an einer Aufgabe ohne jedoch regelmäßig an einem Ort zusammenzutreffen. Sie zeichnen sich durch den fehlenden persönlichen Kontakt aus, stattdessen treten Kommunikationsmedien, welche die Zusammenarbeit in ganz besonderer Weise prägen und somit deutlich von lokalen Teams unterscheiden.[6] Digital organisierte Teams arbeiten über die Brücke medienvermittelter Kommunikation und Wahrnehmung hinweg. „Die besondere Herausforderung dabei: Die Brücke ist schmal, denn verglichen mit einem persönlichen Gespräch engt medienvermittelte Kommunikation immer die Möglichkeiten ein, sich umfassend mitzuteilen und sich gegenseitig umfassend wahrzunehmen."[7] Informationen werden nicht über alle Sinneskanäle transportiert. Der fehlende persönliche Kontakt erschwert es zudem Vertrauen zwischen den Teammitgliedern untereinander und zur Führungskraft aufzubauen. Darüber hinaus können nicht durch ein gemeinsames Zusammenspiel vor Ort Regeln für ein funktionierendes Team erarbeitet werden. Die räumliche Distanz hat auch Auswirkungen auf Konfliktsituationen, welche durch die fehlende persönliche Interaktion oft zu spät erkannt werden.[8] Besonders problematisch wird es, wenn auf der Grundlage unvollständiger Fakten falsche oder nicht adäquate Entscheidungen gefällt werden. Es besteht die Gefahr, dass bestimmte Situationen aufgrund der räumlichen Verteilung und der damit einhergehenden Informationsdifferenzen höchst unterschiedlich eingeschätzt werden.[9]

Trotz der vielen auftretenden Herausforderungen für die Zusammenarbeit sind virtuell organisierte Teams und somit die Führung auf Distanz eine beliebte Organisationsform. Sie bietet insbesondere hohe Flexibilität in einem dynamischen Umfeld, die Zusammenarbeit international verteilter Experten und somit sehr hohe Kundennähe und eine star-

---

[5] Konrad, U., Hertel, G., Management virtueller Teams, 2002, S.18.
[6] Vgl. Konradt, U., Köppel, P., Erfolgsfaktoren virtueller Kooperationen, 2008, S.5.
[7] Hermann, D., Hüneke, K., Rohrberg, A., Führung auf Distanz, 2012, S.28.
[8] Vgl. Müller, Eva B. Führung virtueller Teams, 2017, o.S..
[9] Vgl. Hermann, D., Hüneke, K., Rohrberg, A., Führung auf Distanz, 2012, S.26.

ke globale Präsenz der Mitarbeiter. Das ermöglicht auch eine Reduzierung der Personal – und Reisekosten. Zusätzlich können die Bedürfnisse nach Eigenverantwortung und Freiraum der Mitarbeiter erfüllt werden, was erwiesener Maßen zu einer höheren Zufriedenheit und Motivation führt.[10] Schließlich ist die räumliche Verfügbarkeit nicht mehr bestimmend für die Teamzusammensetzung und Experten können kurzfristig nach Bedarf integriert werden.

Um diese Vorteile ausschöpfen und ein erfolgreiches virtuelles Team führen zu können, müssen hohe neue Anforderungen an die Mitarbeiter und die Führungskraft erfüllt werden. Hier ist insbesondere die Fähigkeit zur Selbstorganisation, Planung und Steuerung der Arbeit zu nennen.[11] Konkret sollen im Weiteren die Erfolgsfaktoren virtueller Kooperationen analysiert werden anhand des Lebensphasenmodells für virtuelle Teamarbeit.[12]

---

[10] Vgl. Domsch, M., Führung von Mitarbeitern, 2003, S.678.
[11] Vgl. Andreßen, P., Selbstführung, 2008, S.45.
[12] Vgl. Konradt, U., Köppel, P., Erfolgsfaktoren virtueller Kooperationen, 2008, S.17.

2.2 Lebensphasenmodell virtueller Zusammenarbeit

Die virtuelle Zusammenarbeit in Teams, insbesondere in Projekten, kann anhand eines Lebensphasenmodells in 5 Phasen strukturiert werden.[13] Abbildung 1 auf Seite 4 stellt dieses Modell graphisch dar.

Abbildung 1: Lebenszyklusmodell virtueller Zusammenarbeit

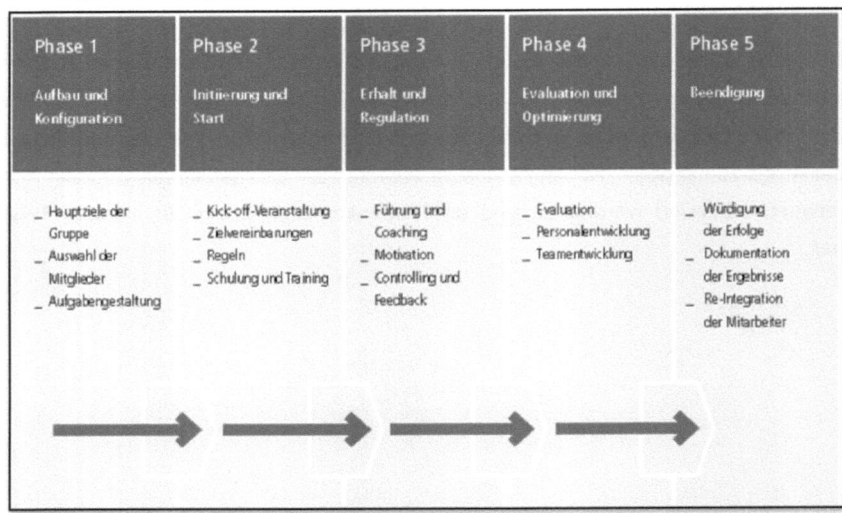

Phase 1	Phase 2	Phase 3	Phase 4	Phase 5
Aufbau und Konfiguration	Initiierung und Start	Erhalt und Regulation	Evaluation und Optimierung	Beendigung
_ Hauptziele der Gruppe _ Auswahl der Mitglieder _ Aufgabengestaltung	_ Kick-off-Veranstaltung _ Zielvereinbarungen _ Regeln _ Schulung und Training	_ Führung und Coaching _ Motivation _ Controlling und Feedback	_ Evaluation _ Personalentwicklung _ Teamentwicklung	_ Würdigung der Erfolge _ Dokumentation der Ergebnisse _ Re-Integration der Mitarbeiter

Quelle: Konradt, U., Köppel, P., Erfolgsfaktoren virtueller Kooperationen, 2008, S.17.

Die Abbildung veranschaulicht, dass in der ersten Phase „Aufbau und Konfiguration" die grundlegenden Aspekte der Gruppenarbeit geklärt werden. Hier wird die Teamzusammensetzung geplant und vorbereitet. Es sind insbesondere die Ressourcen und Kapazitäten der geforderten Experten zu prüfen. Die strukturellen Bedingungen und die Aufgabengestaltung werden geklärt.[14] Die zweite Phase „Initiierung und Start" beschreibt Arbeiten, die der Teamarbeit vorausgehen. Hier werden Regelwerke festgelegt sowie die Arbeit durch eine Kick-off-Veranstaltung gestartet. „Die dritte Phase, „Erhaltung und Regulation", legt Steuerungsprozesse der Gruppenarbeit fest und stimmt sie aufeinan-

---

[13] Vgl. Konradt, U., Köppel, P., Erfolgsfaktoren virtueller Kooperationen, 2008, S.17.
[14] Vgl. Vgl. Hertel, K., Hertel, G., Virtuelle Teams, 2002, S.48.

der ab."[15] Hier werden Führungstools benötigt, um Anreize zur Motivation der Teammitglieder zu schaffen oder auch gruppeninterne Feedback-Schleifen implementiert. Zudem nimmt auch ein proaktives Konfliktmanagement eine wichtige Rolle ein. In der vierten Phase „Evaluation und Optimierung" werden Verfahren zur Kontrolle und Optimierung des Gruppenerfolges fokussiert. Evaluationsmaßnahmen, Prozessoptimierungen und Trainings finden statt. Schließlich umfasst die fünfte Phase „Beendigung" die Auflösung der Gruppe, eine Würdigung der Erfolge, sowie eine Neuorientierung und Reintegration der Mitarbeiter.[16]

Diese Darstellung des Lebenszyklusmodells virtueller Zusammenarbeit ist als idealtypisch zu sehen. In der Praxis gelten diese Phasen vordringlich für Projekte oder bei neu zu etablierenden permanenten Teams. Oft übernehmen Führungskräfte allerdings bereits bestehende Teams oder durch Akquisitionen werden internationale Teammitglieder dazu stoßen. Dies wird in der Analyse von Erfolgsfaktoren in diesem Assignment nicht berücksichtigt, das Lebenszyklusmodell wird als Grundlage für die Experteninterviews verwendet.

---

[15] Konradt, U., Köppel, P., Erfolgsfaktoren virtueller Kooperationen, 2008, S.17.
[16] Vgl. Hertel, K., Hertel, G., Virtuelle Teams, 2002, S.48.

3 Analyse von Erfolgsfaktoren für die Führung virtueller Teams

3.1 Ergebnisse der Experteninterviews mit Führungskräften und Teammitgliedern in virtuell organisierten Teams

Im Folgenden werden die Ergebnisse aus den Experteninterviews mit fünft Führungskräften und fünf Teammitgliedern aus verschiedenen Unternehmensbereichen anhand des Lebensphasenmodells für Zusammenarbeit analysiert. Die Führungskräfte haben langjährige Erfahrung in der Führung international verteilter Teams mit direkt berichtenden lokalen Teamführern. Die interviewten Teammitglieder haben Erfahrung mit Führungskräften vor Ort und mit lediglich virtuell erreichbaren Vorgesetzten. Die gestellten Fragen können in Anhang I auf Seite III nachgelesen werden.

Phase 1: Aufbau und Konfiguration

In erster Linie sehen die Führungskräfte keinen Unterschied zu lokalen Teams. Sie sehen die Hautaufgabe in dieser Phase in Aufgaben- und Verantwortlichkeitsklärung, Teamzugehörigkeit bilden und Ressourcenklärung. Wenn man nicht vor Ort ist, braucht man noch stärker das Commitment der Teammitglieder. Zusätzlich sollten virtuelle Führungskräfte folgende Kompetenzen besitzen:

Alle Führungskräfte haben darauf verwiesen, dass eine virtuelle Führungskraft besonders gute Kommunikationsfähigkeiten besitzen sollte. Das bedeutet, sie muss die Brücke der Medien überwinden können, technisch als auch inhaltlich. Darüber hinaus ein Gefühl dafür entwickeln, welche Medien für welche Sachverhalte effektiv sind. Integrative Fähigkeiten werden zudem als äußerst wichtig angesehen. Die Führungskraft sollte alle Teammitglieder gleichermaßen einbinden können, um ein gemeinschaftliches Teamgefühl zu ermöglichen. Ziel ist, das Gefühl von Zugehörigkeit zu erzeugen, trotz virtueller Zusammenarbeit. Bei internationalen Teams sind zusätzlich interkulturelle Fähigkeiten essentiell.

Die Antworten der befragten Mitarbeiter gleichen stark denen der Führungskräfte. Die Teammitglieder sehen die Führungskraft als Verbindungsglied im Team. Dies ist eine sehr wichtige Rolle, wenn die Verbindung ausschließlich über digitale Medien hergestellt werden kann. Sie erwarten von ihrem Vorgesetzten, dass er es schafft ein Teamgefühl zu erzeugen, ihnen konkrete Ziele und Aufgaben darzulegen und sie insgesamt motiviert. Als wichtige Kompetenz wurde die Delegations-und Strukturierungsfähigkeit benannt.

Phase 2: Initiierung und Start

Sowohl Führungskräfte als auch Teammitglieder sind sich einig, dass eine Kick-Off Veranstaltung sehr wichtig ist, unabhängig davon, ob es sich um eine permanente virtuelle Teamarbeit handelt oder um ein zeitlich begrenztes Projekt. Es hat das gleiche Gewicht, muss allerdings methodisch anders aufgebaut werden, falls ein persönliches Treffen nicht möglich ist.

Auch die Ziele dieser Veranstaltung werden von beiden Seiten ähnlich dargelegt. Diese seien grundsätzlich dieselben, wie bei persönlich zusammenarbeitenden Teams. Das Team sollte darüber informiert werden, wohin sie gehören und wofür das Team steht. Das bedeutet, es soll eine Projekt- beziehungsweise Teamcharter dargelegt werden. Im Team kann dann eine gemeinsame Vision erarbeitet werden, schließlich sollen die Aufgabenteilung und die Zuständigkeiten am Ende klar und transparent geregelt sein. Darüber hinaus sollte die emotionale Komponente berücksichtigt werden. Die Führungskraft sollte ihren Führungsstil und Erwartungen darstellen, also die eigenen Werte. Die Mitarbeiter möchten wissen, mit wem sie es tun haben und wohin die Reise geht. Die Veranstaltung sollte zudem für Teambuilding Aktivitäten genutzt werden. Hier muss das Grundvertrauen gebildet werden, auf welchem die weiteren Aktivitäten aufbauen, hierzu mehr in Phase 3 und 4. Die interviewten Experten sehen hier bei virtuellen Teams das Risiko, dass man durch die limitierten Möglichkeiten eines persönlichen Treffens nur eine einzige Chance hat, die es zu nutzen gilt.

Schließlich sollte für die virtuelle Zusammenarbeit die Kommunikationsstruktur klar geregelt werden, wie auch in Phase 3 weiter erläutert.

Phase 3: Erhalt und Regulation

Generell sind sich die Führungskräfte einig, dass eine vergleichbare virtuelle Kommunikation zur persönlichen Kommunikation sehr schwer bis gar nicht möglich ist. Es aber auch nicht in jedem Fall notwendig ist, insbesondere wenn ein Grundvertrauen besteht und sich die Teammitglieder sogar schon persönlich kennen. Um die virtuelle Kommunikation effektiv zu fördern, wird folgendes anhand ihrer Praxiserfahrungen empfohlen:

Man sollte einen sehr verlässlichen Kommunikationsstil aufbauen, das heißt, regelmäßige Termine etablieren sowohl für Teammeetings als auch für 1-zu-1 Gespräche. Zusätzlich muss immer die Möglichkeit für weiteren Austausch gegeben werden, insbesondere Erreichbarkeit in dringlichen Fällen. Insgesamt sollte man den Teammitgliedern einen einfachen Weg zum Austausch bieten und diesen auch gerne mit persönlichen Details anreichern. Zum Beispiel Chats oder Diskussionsforen im Intranet, ein Foto der Person können hier auch helfen, die Anonymität zu senken. Falls technisch möglich können auch Videokonferenzen eingesetzt werden, wo auch die Körpersprache eingefangen werden kann. Hier ist wieder das Gefühl für die richtige Medienwahl von Bedeutung. Generell sollte viel über mündliche Kommunikation ablaufen, um Missverständnisse zu vermeiden.

Wie in Phase 1 erwähnt ist Vertrauen für erfolgreiche Teamarbeit essentiell. Der Grundstein wird im Kick-Off gelegt, aufgebaut wird es in der Zusammenarbeit. Hierzu ist die richtige Kommunikation grundlegend. Diese sollte man auch virtuell durch die Beziehungsebene anreichern und in Meetings bewusst Small Talk Zeiten einbauen. Erst in der weiteren Zusammenarbeit, kann das vertrauen durch integres Verhalten gestärkt werden.

Die Erfahrungen der Führungskräfte spiegeln sich auch in den Antworten der Teammitglieder wieder und werden hier bestätigt. Zusätzlich wird darauf hingedeutet, dass die vielen Telefonkonferenzen ein hohes Maß an Selbstdisziplin verlangen.

Phase 4: Evaluation und Optimierung

Zur Bewertung virtueller Teams und schließlich zur Verbesserung der Teamleistung verweisen die Führungskräfte wiederum auf die Tools für lokale Teams. Beispielsweise könnte man ein Stimmungsbarometer einsetzen, sowie sehr regelmäßig Feedback einholen, sowohl in den Teammeetings als auch in 1-zu-1 Gesprächen.

Die Teammitglieder verweisen auf konkrete Messkriterien, wie etwa die technische Verfügbarkeit der virtuellen Kommunikationskanäle oder auch die Teilnahme an virtuellen Teammeetings.

Insbesondere den Führungskräften fehlt durch die virtuelle Zusammenarbeit die Möglichkeit über informelle Gespräche, beispielsweise am Kaffeeautomaten, einfach die Stimmungen im Team abzulesen. Durch E-Mail oder Telefon erhält die Kommunikation schnell einen formellen Charakter und ehrliches Feedback ist schwerer einzuholen. Möglichkeiten für zufällige Gespräche oder Diskussionen fallen weg.

Phase 5: Beendigung

Auch in der letzten Phase sind sich beide Seiten sehr einig, wie diese erfolgsversprechend gestaltet werden sollte. Es wird ein ähnliches Meeting wie zum Kick-off vorgeschlagen, falls möglich persönlich, ansonsten zumindest ein virtuelles, das ausschließlich auf das Bedanken beim Team ausgerichtet ist. Erfolge sollten innerhalb und außerhalb des Teams oder Abteilung kommuniziert werden und insbesondere vorm Management eine namentliche Erwähnung finden. Eine virtuelle Teamarbeit sollte mit einer Feedbackrunde geschlossen werden, um jedem Mitglied die Chance zu geben, sowohl positive als auch negative Kritik zu äußern. Auch über Negatives sollte gesprochen werden, damit nichts unausgesprochen im Raum steht. Schließlich möchte man auch bei einer erneuten Kooperation gut zusammenarbeiten. Zuletzt sollte ein Abschlussdokument zusammenfassen und sicherstellen, dass das Ergebnis, zum Beispiel ein neuer Prozess, auch dauerhaft Nutzen bringt.

3.2 Gegenüberstellung der Erfolgsfaktoren aus Sicht der Führungskräfte und Mitarbeiter

Um eine übersichtliche Gegenüberstellung der Erfolgsfaktoren aus den Interviewergebnissen zu ermöglichen, werden die Antworten tabellarisch in Stichworten aufgelistet:

Gegenüberstellung der Interviewergebnisse	
Führungskraft	**Mitarbeiter**
Phase 1: Aufbau und Konfiguration	
In erster Linie machen die Führungskräfte keinen Unterschied zur persönlichen Führung.	Hauptaufgaben: - Vertrauen aufbauen. - Verbindungslied des Teams. - Teambuilding.
Hauptaufgaben: - Hauptaufgaben: Aufgabenklärung – und Ressourcenklärung, Teambuilding.	- Führen und motivieren. - Arbeitspakete delegieren. Kompetenzen und Fähigkeiten: - Soziale Kompetenz.
Kompetenzen und Fähigkeiten: - Besonders gute Kommunikationsfähigkeiten. - Integrative Persönlichkeit. - Bei internationalen Teams sind interkulturellen Fähigkeiten essentiell.	- Delegationsfähigkeit. - Organisatorisches Talent; Strukturierungsfähigkeit. - Ganzheitliche Wahrnehmung. - Gute Kommunikationsfähigkeiten über virtuelle Kanäle, z.B. Fähigkeit, klar über Emails zu kommunizieren. - Gute IT Kenntnisse.

Phase 2: Initiierung und Start	
Kick-Off Veranstaltung ist essentiell.	Kick-Off Veranstaltung ist essentiell.
Ziele sind:	Ziele sind:
- Projektcharter oder Teamcharter festlegen.	- Teambuilding.
- Gemeinsame Vision und Mission.	- Verantwortlichkeiten und Ziele klären.
- Aufgabenaufteilung und Zuständigkeiten klären.	
- Emotionale Komponente einbinden.	
- Teambuilding Aktivitäten.	
- Kommunikationsregeln festlegen.	
Phase 3: Erhalt und Regulation	
- Sehr verlässlichen Kommunikationsstil aufbauen.	- Die virtuelle Präsenz einer Person sollte mir einem Foto versehen werden.
- Regelmäßige Termine etablieren sowohl für Teammeetings als auch für 1-zu-1 Gespräche.	- Instant Messaging einrichten
- Möglichkeit für weiteren Austausch bieten.	- Meeting Protokolle verteilen.
- Erreichbarkeit in dringlichen Fällen sicherstellen.	- Gemeinsames Laufwerk (Sharepoint) anbieten.
- Chats oder Diskussionsforen im Intranet.	- Videokonferenzen einführen.
- Fotos bei Kontaktinformationen ergänzen, um die Anonymität zu senken.	
- Gemeinsame Datenablage (Sharepoint) einrichten.	
- Videokonferenzen etablieren.	
- Small Talk Zeiten einbauen.	

Phase 4: Evaluation und Optimierung	
- Stimmungsbarometer etablieren. - Sehr regelmäßig Feedback einholen, sowohl in den Teammeetings als auch in 1-zu-1 Gesprächen.	- Häufigkeit der Nutzung virtueller Kommunikationskanäle messen. - Zufriedenheit der Teammitglieder im virtuellen Team abfragen. - Verfügbarkeit der virtuellen Kommunikationskanäle messen. - Qualität der virtuellen Kommunikationskanäle beurteilen. - Teilnahme der Mitglieder an den virtuellen Meetings sein.
Phase 5: Beendigung	
- Analog zu Kick-off separates Meeting einberufen, falls möglich persönlich. - Erfolge innerhalb und außerhalb des Teams kommunizieren und insbesondere vorm Management eine namentliche Erwähnung sicherstellen. - Feedback beim Team einholen, insbesondere auch Negatives abschließend diskutieren für Lessons Learned.	- Mit einer Feedbackrunde schließen und jedem Mitglied die Chance geben, sowohl positive als auch negative Kritik zu äußern. - Die Führungskraft sollte die Erfolge würdigen und sich bei allen Teammitgliedern für die Zusammenarbeit bedanken. Idealerweise persönlich. - Visibility (z.B. Präsentation der Ergebnisse vor dem Management) - Reward (z.B. Bonus)

4   Fazit und Ausblick

Die Analyse der Interviewergebnisse zeigt, dass eine virtuelle Führung zusätzlich zu den zentralen Führungsaufgaben eine sehr hohe sozial integrative Förderung des Teams verlangt.[17] Die genannten Herausforderungen und Besonderheiten der virtuellen Organisation, benötigen ein entsprechend angepasstes Managementkonzept.[18] Aktuell entscheiden sich die Führungskräfte eher unbewusst für entsprechende Führungsmethoden. Das liegt daran, dass sich die Führung eines lokalen oder virtuellen Teams vordergründig kaum unterscheidet, falls bereits ein sehr selbständiger und auf Vertrauen basierender Führungsstil etabliert ist. Der Übergang ist schleichend, falls man sowohl lokal vor Ort als auch global verteilte Teammitglieder führt. Als erster Schritt zu einem gezielten Managementkonzept für die virtuelle Kooperation können praktisch erfahrene Erfolgsfaktoren analysiert werden, wie in Kapitel 3 gegenübergestellt.

Es zeigt sich, dass in virtuellen Kooperationen die Kommunikation der wichtigste Erfolgsfaktor ist. Virtuelle Teams bedeuten häufig auch internationale Strukturen, Diversität spielt eine grundlegende Rolle.[19] Interkulturelle Unterschiede erschweren es zusätzlich das notwendige Vertrauen im Team aufzubauen. Weiterhin zeigt die langjährige Führungserfahrung, dass sich durch den Trend der Digitalisierung die Art des Netzwerkens verändert hat. Früher legte man Wert auf ein privat geprägtes Netzwerk, eine sogenannte „Buddy Culture". Heute muss man intensiver auf fachlicher Ebene an dem Commitment arbeiten, da die persönliche Kontaktebene wegfällt. Das kann sich positiv auf die Firma auswirken: Es wird mehr auf der sachlichen Ebene entschieden, was aber nicht bedeutet, dass weniger politische Einflüsse greifen, es geschieht nur auf einer anderen Ebene. Diese Erkenntnisse geben einen Ausblick zu möglichen weiterführenden Analysen.

Zusammenfassend sind die genannten Erfolgsfaktoren der Führungskräfte und Mitarbeiter in sehr vielen Punkten ähnlich und somit gut kompatibel. Beide Seiten bevorzu-

---

[17] Vgl. Hertel, K., Hertel, G., Virtuelle Teams, 2002, S.48.
[18] Vgl. Hertel, K., Hertel, G., Virtuelle Teams, 2002, S.48.
[19] Vgl. Köppel, P., Konflikte und Synergien in multikulturellen Teams, 2007, S.15.

13

gen eine persönliche Führung insbesondere in kritischen oder bei Entwicklungsthemen, allerdings sehen sich alle dem Trend der steigenden Virtualisierung gewappnet.

5 Anhang: Fragebogen Experteninterview

Lebenszyklusmodell virtueller Zusammenarbeit

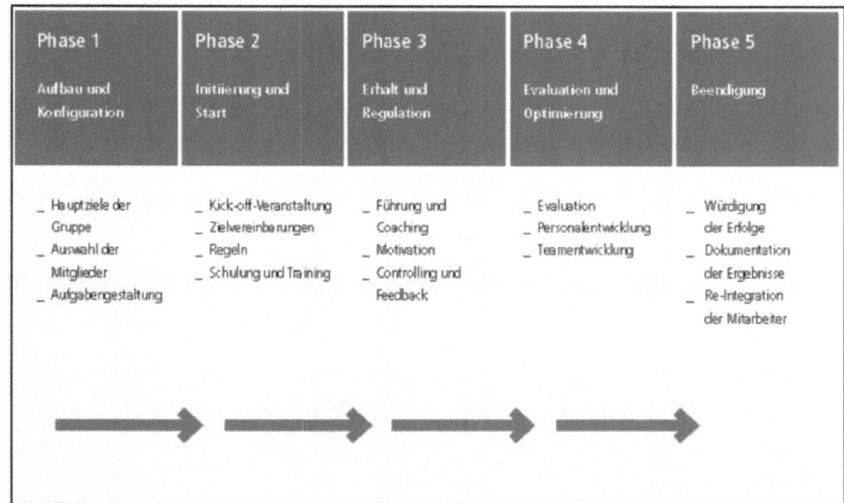

Quelle: Konradt, U., Köppel, P., Erfolgsfaktoren virtueller Kooperationen, 2008, S.17.

Phase 1: Aufbau und Konfiguration
Worin sehen Sie die Hauptaufgabe von Managern virtueller Teams? Welche drei wichtigsten Eigenschaften/Kompetenzen sollte eine Führungskraft virtueller Teams demnach mitbringen?

Phase 2: Initiierung und Start
Wie wichtig ist eine Kick-Off Veranstaltung? Welche Ziele sollten mit dieser Veranstaltung verfolgt werden?

Phase 3: Erhalt und Regulation
Wie können die Kommunikationsstrukturen effektiv gefördert werden? Wie kann die virtuelle Kommunikation angereichert werden, um mit einer face-to-face Kommunikation vergleichbarer zu werden?

Phase 4: Evaluation und Optimierung
Was sind mögliche Kriterien zur Bewertung virtueller Teams zur Verbesserung der Teamleistung?

Phase 5: Beendigung
Wie sollte eine virtuelle Teamarbeit beendet werden, um die Erfolge zu würdigen und Erfahrungen für neue virtuelle Teamarbeiten zu nutzen?

6 Quellenverzeichnis

Andreßen, Panja [Selbstführung, 2008]: Selbstführung im Rahmen verteilter Führung. Eine organisationspsychologische Analyse unter Berücksichtigung virtueller Arbeitsstrukturen, Wiesbaden: GWV Fachverlage GmbH, 2008.

Konradt, Udo; Guido Hertel [Virtuelle Teams, 2002]: Management virtueller Teams. Von der Telearbeit zum virtuellen Unternehmen, Weinheim (u.a.) : Beltz, 2002.

Domsch, Michel (Hrsg.) [Führung von Mitarbeitern, 2003]: Führung von Mitarbeitern, 5. Aufl., Stuttgart: Schäffer-Poeschl Verlag, 2003.

Hermann, Dorothea; Hüneke, Knut; Rohrberg, Andrea [Führung auf Distanz, 2012]: Führung auf Distanz. Mit virtuellen Teams zum Erfolg, 2. Aufl., Wiesbaden: Springer, 2012.

Köppel, Petra [Konflikte und Synergien in multikulturellen Teams, 2007]: Konflikte und Synergien in multikulturellen Teams. Virtuelle und face-to-face Kooperation, Wiesbaden: GWV Fachverlage GmbH, 2007.

Konradt, Udo, Hertel, Guido [Management virtueller Teams, 2002]: Management virtueller Teams. Von der Telearbeit zur virtuellen Unternehmung, Hrsg. Nerdinger, Friedemann W.; Regnet, E.; von Rosenstiel L., Weinheim und Basel: Beltz Verlag, 2002.

Konradt, Udo; Köppel, Petra [Erfolgsfaktoren virtueller Kooperationen, 2008]: Erfolgsfaktoren virtueller Kooperationen. Best Practices von Microsoft Deutschland GmbH und Telefonica O$_2$ Germany GmbH & Co. OHG, Gütersloh: Bertelsmann-Stiftung, 2008.

Olfert, Klaus [Unternehmensführung, 2013]: Unternehmensführung, 6. Aufl., Herne: NWB Verlag, 2013.

BEI GRIN MACHT SICH IHR WISSEN BEZAHLT

- Wir veröffentlichen Ihre Hausarbeit,
  Bachelor- und Masterarbeit

- Ihr eigenes eBook und Buch -
  weltweit in allen wichtigen Shops

- Verdienen Sie an jedem Verkauf

Jetzt bei www.GRIN.com hochladen
und kostenlos publizieren